Collection
« Petite philosophie du voyage »
n° 53

Jean-Marie Haegy

L'ENGAGEMENT HUMANITAIRE

Petit diagnostic sur l'altruisme en situation d'urgence

TRANSBORÉAL

Né en 1946, Jean-Marie Haegy, pédiatre aux Hôpitaux universitaires de Strasbourg, puis réanimateur urgentiste aux Hôpitaux civils de Colmar, embarque dès 1979 avec Médecins sans frontières à bord de l'*Île de lumière*, au secours des *boat people* en mer de Chine. Il contribue l'année suivante à la création de Médecins du monde, dont il est membre du conseil d'administration de 1980 à 1990, et intervient dans le cadre de la famine en Ouganda (1982), de l'hôpital français de N'Djamena, au Tchad (1983), et de missions au Mozambique (1984-1991). Il prend aussi part à des missions exploratoires en Guinée et en Éthiopie, ainsi qu'à des missions d'évaluation en RDA et en Pologne. Coorganisateur de convois humanitaires en Roumanie, à Leningrad, au Kurdistan et à Sarajevo, il a assuré un suivi des enfants de Tchernobyl.

Il est l'auteur de divers ouvrages sur l'univers médical : *Impressions humanitaires* (Persée, 2014), *Cas cliniques en médecine d'urgence* (avec Bernard Blettery, Flammarion, 2013), *Comment ne pas mourir malade et idiot à la fois* (Panama, 2007), *Urgence* (Calmann-Lévy, 1997) ; et même d'un polar : *Le Voleur de mémoire* (Transboréal, 2020).

Je pense que, dans une certaine mesure, je suis responsable du mal en autrui – de celui qui le tourmente comme de celui qu'il fait. Je ne suis humainement jamais quitte envers l'autre homme, je ne saurais me contenter de ma perfection bienheureuse, et laisser le mal se poursuivre ou seulement penser à le punir.

Emmanuel Lévinas

Emmanuel Lévinas, Qui êtes-vous ?

(avec François Poirié, La Manufacture, 1987).

À tous ceux qui s'engagent.

TOUT COMMENCE UN SOIR de printemps. Cela ressemble presque à une série américaine : le bon docteur blanc au secours des pauvres victimes ; mais là, on est en Alsace, plus précisément à l'hôpital de Colmar. Dehors, une douce brise fait danser les feuilles des arbres. Les images de réfugiés hagards sur des embarcations de fortune ballottées par les vagues défilent en boucle sur l'écran de télévision de la salle de repos. Le médecin somnole, le sort des *boat people*, comme on les appelle, paraît tellement lointain. Des malheurs, il en a plein la réanimation : infidélités d'organes, artères qui se bouchent, cellules cancéreuses qui se baladent, trahisons de l'âme qui veut s'échapper du corps... La vraie vie, quoi ! Il est dans sa bulle, fermé à tout ce qui peut vivre, souffrir et mourir en dehors de son service de réanimation.

Quelques mois plus tard, il reçoit un coup de fil : « Allô, c'est Bernard Kouchner ; toujours d'accord pour partir ? »

Nous sommes en août 1979. Cet appel est le passeport pour ma première mission et pour mon premier embarquement sur un bateau. Et quel bateau, un nom mythique : l'*Île de lumière.*

Je pensais, vivais, rêvais réanimation, et je me demande encore ce qui a fissuré cet univers pour m'entraîner là-bas, dans l'archipel des Anambas, au secours des réfugiés. Le Vietnam, la mer de Chine, c'était tellement loin. Était-ce le visage émacié de cet enfant sans âge ou le regard perdu de ce vieil homme sur l'écran de télévision ? Était-ce les *French doctors*, bras tendus pour ramener les réfugiés sur l'échelle de coupée du grand bateau blanc ? Tout cela en même temps, sans doute, entre émotion et quête d'aventure, entre cortisol et adrénaline, tout ce qui fait palpiter la vie. Et de l'aventure, j'allais en goûter : changer d'aéroport, débarquer à Singapour, dédouaner les caisses de matériel médical puis les transborder sur un caboteur. La réanimation, c'est quand même plus simple…

Bernard Kouchner me briefe au départ. Pour lui, rien n'est impossible. Il aurait porté secours aux Martiens en détresse si les moyens techniques le lui avaient permis !

La brume se dissipe paresseusement sur le flot. Les navires émergent un à un dans la rade de Tanjungpinang. Les gréements des bateaux de pêche cliquettent sous la brise du matin. Sur la ligne d'horizon, derrière un vraquier sombre et trapu, on devine la silhouette de l'*Île de lumière*. Agrippé au bastingage de la navette qui nous conduit, j'observe grandir le bateau qui se détache progressivement du bleu laiteux de l'océan. Nous partageons, Pierre Pradier et Jean-Maurice Kauffman, deux routards de l'humanitaire qui m'accompagnent, l'excitation et l'impatience de monter à bord.

Il n'y a plus de caméras, plus d'écrans, plus d'images de sauvetage héroïque. Dans un paysage paradisiaque, il n'y a que la vraie vie du vrai malheur des rescapés échoués sur le pont du bateau. L'enfer au paradis. Les derniers arrivés errent, le regard perdu, en état d'épuisement physique et psychique, hantés par la traversée, les attaques de pirates et le viol des femmes.

L'*Île de lumière* sillonne la mer de Chine pour aller au-devant des embarcations et porter assistance aux réfugiés. C'est un navire, une terre promise, une ambulance, un hôpital de fortune. Trois grandes salles, transformées en unité d'hospitalisation avec des lits superposés, regroupent les malades. Un bloc opératoire, une unité de surveillance et de réanimation ainsi qu'un poste de radiologie complètent le dispositif. Abus de langage, car la salle d'opération et celle qui sert de réanimation sont des locaux de stockage non climatisés et dépourvus d'ouvertures. Sous la chaleur tropicale, à peine installé, l'appareil de radiographie rend son dernier rayon X.

Et pour que cet hôpital de fortune ne fasse pas que flotter mais fonctionne, il faut revisiter la médecine. Pour les médecins que nous sommes, les pathologies tropicales existent dans les livres. Les dénutritions et déshydratations graves sont rares en Alsace. Ils ne sont pas nombreux les confrères qui ont soigné un cas de scorbut au cours de leur carrière. Ici, il faut se replonger dans les manuels de médecine tropicale, adapter les pratiques de soins aux conditions locales et se munir d'une sacrée dose de bon sens paysan (à défaut d'un plateau technique dernier cri). On n'a jamais vu un anesthésiste torse nu en salle d'opération ; pourtant, il fait si chaud dans la cale… Aucun chirurgien n'a jamais pratiqué une trépanation crânienne décompressive avec la perceuse d'un mécanicien de bord ; pourtant, le patient a survécu…

Les consultations, les perfusions, les pansements, les interventions chirurgicales mobilisent l'attention toute la journée. Mais le soir, sur la couchette, entre rêverie et somnolence, quand la fatigue fait baisser la garde, la question revient, implacable et lancinante : « Qu'est-ce que je suis venu faire dans cette galère ? »

Il fallait que j'y aille, là-bas, sur le grand bateau blanc. C'était une évidence, un sentiment de responsabilité et de sollicitude mêlé de soif d'héroïsme et d'aventure. Bien sûr, dans ma réanimation, je sauvais aussi des vies ; du moins avec mon équipe on faisait tout pour cela. Mais là-bas, le sauvetage avait une dimension universelle. Il était palpable, et les sauveteurs, les *French doctors*, étaient les héros des temps modernes.

Cette évidence, lorsque je la questionne aujourd'hui, me renvoie à ce jour de 1979 où j'ai quitté temporairement ma pratique de la médecine en pays développé pour me rendre disponible à d'autres, dans des situations qui brusquent le sens des mots. Soigner, peut-être guérir, venir en aide, n'est-ce pas la raison première de l'engagement du médecin ? Et pour quoi cela ? Équilibrer un peu les comptes ? Ne pas être toujours dans la position de celui qui, par son éducation, ses moyens, les facultés de son corps et de son esprit bien portants, tire profit de la vie ? Être médecin pour dire que nous sommes en dette et que nous nous efforçons par notre pratique de rendre, même de façon dérisoire, une part de ce qui nous a été donné et dont nous devrions pareillement jouir, partout sur terre : la vie et tout ce qu'elle contient de possibilités heureuses ; voilà le sens. Les mots, pourtant, n'ont pas une valeur absolue. Quoi de commun entre les « possibilités heureuses » d'un patient pris en charge aux hôpitaux de Colmar et celles d'un rescapé sur l'*Île de lumière* ? Comment accepter, avec cet espoir de rendre meilleur l'avenir de celles et ceux qui, sans distinction, se présentent amoindris, blessés, comment accepter que les soins pratiqués ici contribuent de manière indirecte à façonner au sein de l'humaine condition des groupes dont les aspirations, les perspectives de bonheur divergent si nettement ? En cette année 1979, j'ai œuvré pour aider des hommes, des femmes, des enfants à traverser du mieux possible – du moins continué-je à le croire – les épreuves auxquelles ils avaient été confrontés, pour les assurer qu'ils méritaient une considération égale à celle que nous attachons à la vie humaine dans nos institutions de soins modernes. Ce fut le déclic, mon déclic, et ce qui distingue peut-être l'engagement humanitaire de l'engagement médical classique : au-delà de la volonté de soigner, l'espoir d'équilibrer les chances pour offrir au plus grand nombre ce que la vie contient de meilleur.

Au-delà d'une réflexion éthique, la prise de conscience s'inscrit aussi souvent dans une histoire et une généalogie plus vastes. Mon oncle était missionnaire dans le désert du Kalahari. Sans le vouloir, il avait préparé le terrain avec ses aventures d'Afrique que nous écoutions gamins lors de ses rares séjours à la maison. En Alsace planait en outre l'esprit d'Albert Schweitzer, symbole de la médecine humanitaire, né à quelques kilomètres de mon village, et mes parents apportaient leur obole pour l'hôpital du grand docteur blanc. C'étaient peut-être les prémices d'une vocation au secours des autres. En tout cas, des images, des rencontres et des conversations qui ont marqué.

Le goût de l'aventure, le défi d'une médecine en situation extrême, loin du confort et du train-train hospitalier, sont un autre ressort de l'engagement humanitaire. Cela valorise et permet de dire : « Je l'ai fait ! » Péché d'autosatisfaction, certes. Mais une fois sur place, on ne peut plus quitter le navire. En mettant le doigt dans l'engrenage, c'est le bras qui y passe, puis tout le bonhomme.

Sur l'*Île de lumière*, entre deux tours de garde, dans le carré des officiers, l'équipe médicale refait le monde. Peine perdue, il est en train de s'écrouler. Après la prise de Saigon par le Viêt-minh, la fuite massive des *boat people* révèle l'envers du communisme. Le désenchantement du monde se perçoit dans les discussions enflammées des *French doctors*, tous des soixante-huitards accrochés à l'idée des lendemains qui chantent. Le siècle n'en finit pas de se consumer, les Trente Glorieuses s'effondrent en lambeaux de guerre et de pauvreté. Les philosophies n'ont pas résisté au changement : du structuralisme au nihilisme, en passant par la générosité du discours camusien, seul l'humanitaire reste une option, une tentative d'explication du monde et une source de déculpabilisation de la société occidentale. Le dernier rempart de l'idéal du respect des droits de l'homme, un moyen de se sentir exister en se rendant utile. Et c'est peut-être pour cela que tant de jeunes s'embarquent dans ce voyage.

La question vaut d'être posée : l'humanitarisme n'est-il pas le fruit d'une époque, l'expression d'un souci de l'autre qui, au tournant des années 1970-1980, ne pouvait pas prendre une autre forme ? L'action humanitaire, telle qu'on la conçoit aujourd'hui, résulterait alors d'une conjonction inédite d'événements et d'aspirations : rendre l'humanité un peu plus commune en allant vers ceux dont les rêves les distinguent des bénéficiaires de la Sécurité sociale, connaître le frisson de l'aventure sur une terre qui a presque fini de livrer ses secrets, retraiter à sa manière une histoire familiale qui valorise le souci de l'autre, mais, surtout, investir un lieu, trouver une cause et « s'engager », comme on aime à le faire quand on est jeune, se forger et croire en un idéal à l'âge où l'on cherche du sens. Voilà les ingrédients de base, la formule qui permet de concocter la potion humanitaire.

À y regarder de près, l'action humanitaire, qui se conçoit lorsque, sur place, aide et assistance font défaut, n'est pourtant pas seulement le fruit d'une époque. Du moins dans son esprit. La religion, l'armée, l'État et la société civile ont servi cette cause au cours de l'histoire. La compassion et la charité ont construit les monastères qui accueillaient pèlerins, miséreux, malades pour les abriter, les nourrir et les soigner. En 325, le concile de Nicée recommande la création dans chaque ville d'un lieu pour prendre en charge les malades et les nécessiteux. Le Ptocheion de Césarée de Cappadoce, fondé par saint Basile dans la seconde moitié du IVe siècle, peut être considéré comme le premier hôpital chrétien. Durant des siècles, les espaces hospitaliers ont germé à l'ombre protectrice des demeures ecclésiales, des sanctuaires et des pèlerinages religieux. Ce n'est qu'à partir du XIXe siècle que les hôpitaux se sont dégagés progressivement de la charité. Apparaissent alors de nombreuses organisations d'aide et d'assistance caritatives laïques.

Il n'y avait pas d'ambulance sur le champ de bataille de Solferino, ce 24 juin 1859. Un jeune agronome suisse, Henri Dunant, présent par hasard pour négocier l'achat de terres en Algérie avec Napoléon III, fut saisi d'effroi devant la souffrance des blessés abandonnés sur le terrain et la carence du service de santé. Il improvisa les secours avec l'aide de la population de Castiglione, la ville la plus proche. Trois ans plus tard, Henri Dunant publia *Souvenir de Solferino*, un livre à succès dans lequel il proposait la création d'une organisation de secours unique, neutre, privée, universelle et non confessionnelle, s'appuyant sur le volontariat et le bénévolat. En 1864, la Croix-Rouge était fondée, à Genève, reprenant les principes élaborés par Dunant.

Puis les ONG ont pris le relais, à partir du début des années 1970 et la fondation de Médecins sans frontière (MSF), à la suite de l'impasse de neutralité dans laquelle les acteurs se sont trouvés au moment de la guerre du Biafra, générant l'éclosion cryptogamique de centaines d'associations qui, aujourd'hui en France, avoisinent les 100 000 dans le secteur de l'humanitaire. « Aller là où les autres ne vont pas », telle est la devise de MSF, portée par son chef emblématique, Bernard Kouchner, qui érige l'urgence humanitaire en principe absolu, au-delà de toutes considérations ethniques, religieuses ou politiques. Le sans-frontiérisme était né.

Quels que soient les acteurs, la volonté de venir en aide, de secourir nos semblables qui ne peuvent plus compter sur aucun autre soutien, est à l'origine de la démarche. Sans doute l'éducation contribue-t-elle à cela : reconnaître que la souffrance des autres est aussi la nôtre. Mais pas seulement. La sensibilité, le sentiment de révolte dans des situations que l'on considère comme intolérables, l'empathie, le degré de compassion que l'on éprouve face à un être, tout cela favorise la possibilité d'un départ. Et lorsqu'une goutte vient faire déborder le vase, certains rédigent de fiévreuses plaquettes, d'autres deviennent reporters, d'autres encore entrent en religion.

Mais il existe aussi cette voie : partir en mission humanitaire. Ce fut mon cas.

Attention, toutefois : partir en mission, c'est tout sauf partir en voyage, même si vous parcourez des milliers de kilomètres pour atteindre votre destination, l'Humanitarie. Ne cherchez pas sur Google Maps, ce lieu n'existe pas. C'est un pays imaginaire où se croisent, bien réelles, la misère, la souffrance, la bêtise et la cruauté des hommes. Une triste réalité qui gangrène le monde depuis que l'espèce humaine en a pris possession. Dans ce pays, il n'y a pas de tour-opérateur pour baliser les étapes, pas de tourisme naïf à la rencontre de l'indigène, pas de défi télévisé avec une vedette qui fait semblant d'être perdue dans des contrées sauvages mais est toujours suivie par des caméras (quoique...). Non, il n'y a rien de tout cela. Dans ce pays, vous ne voyagez pas seul. Les quatre cavaliers de l'Apocalypse – la peste, la famine, la guerre et la mort – vous accompagnent, et à leur côté chevauchent des hommes, la kalachnikov en bandoulière. Face à eux se tient une armée d'anges – Justice, Fraternité, Solidarité, Compassion –, flanquée de chimères mi-anges mi-démons : les humanitaires. Et quand une chimère veut rejoindre l'armée des anges, il faut qu'elle porte une solide armure et qu'elle se prépare sur le plan professionnel, personnel, physique et psychologique, car en Humanitarie, rien ne fonctionne comme dans notre monde. Pour ne pas sombrer, il faut faire preuve de grandes capacités d'adaptation, être solidement ancré dans ses repères, garder une bonne dose d'humour et un zeste d'autodérision.

N'Djamena, « lieu où l'on se repose », Fort-Lamy au temps de la colonisation. Située au bord du fleuve Chari, impasse fluviale qui se meurt dans le lac Tchad, la ville répète en damier les enceintes de pisé ocre qui cernent les habitations autour de larges cours intérieures. Des ruines jalonnent les rues semées de carcasses de véhicules militaires et de chars... La guerre est passée par là.

Comme un grand paquebot blanc échoué sur les rives du fleuve, la maternité de N'Djamena, avec ses étages entourés de terrasses-balcons, abandonnée lors de la prise de la ville par les troupes d'Hissène Habré en 1982, a été réhabilitée en hôpital d'urgence par Médecins du monde (MDM).

Mis à part quelques impacts de balle, la guerre l'a épargnée. Dans la cour, des dizaines de malades et leur famille campent à l'ombre des flamboyants sur lesquels, le soir tombé, se rassemblent des pique-bœufs aux piaillements stridents. Au fil du temps, l'endroit s'est transformé en marché africain. La guerre n'est qu'à 25 kilomètres de la ville, et régulièrement les taxis-brousse débarquent des blessés – les morts, eux, sont abandonnés au bord de la piste.

La file des malades, quant à elle, est en reconstitution permanente. Lorsque les premiers entrent dans les locaux de consultation, autant s'ajoutent à l'autre bout. Certains sont arrivés la veille. Ils tiennent dans leurs mains « un billet d'espoir »... un morceau de papier sur lequel un agent de santé a inscrit leurs maux.

Deux mondes se rencontrent dans ces lieux : d'un côté, une équipe d'humanitaires en bonne santé, bien habillés avec de superbes T-shirts à logo débarquant tous les matins de 4x4 couverts d'autocollants ; de l'autre, une population vêtue de haillons, amaigrie, au regard plein d'espoir. Ce n'est pas tellement le choc des cultures qui frappe, mais le choc des extrêmes, celui des inégalités, qui se répète à chaque mission. Dans nos hôpitaux et nos cabinets de consultation en France, la relation malade-médecin se réalise dans le même monde. À N'Djamena, dans la maternité transformée en hôpital, elle traverse une frontière. L'idée que le destin aurait pu inverser les rôles impose le respect, l'humilité et le supplément d'humanité nécessaires pour encaisser et accepter le choc. Ici, la médecine est essentiellement clinique, adaptée aux pathologies locales. Les protocoles de soins sont revisités avec les moyens disponibles et au plus juste de l'exigence médicale. Ce n'est pas parce que l'on se trouve dans une situation dégradée qu'il faut faire de la médecine dégradée. Le risque est réel, car personne ne viendra vous dire que ce que vous faites n'est pas bien. Le nombre de patients soignés, d'opérations réalisées ou d'aide alimentaire distribuée a longtemps compté comme seul moyen d'évaluation de l'action humanitaire...

Claude Hertz, sorti tout droit du bloc opératoire d'une clinique, et moi, débarqué de mon service de réanimation, nous complétons dans la chirurgie de guerre et la médecine humanitaire.

Face aux échecs, on se console en se disant qu'on a tout fait. Les succès, plus nombreux qu'espérés, nous étonnent. Probablement qu'ils tiennent à la résistance des patients, à leur extrême sensibilité aux antibiotiques et aux prouesses du chirurgien. Les infections nosocomiales sont une plaie dans nos hôpitaux, à N'Djamena elles sont rares. À chaque réfection de pansement, Claude affirme malicieusement que Pasteur était un imposteur.

Le soir, Claude et moi partageons la même chambre. Immobile sur son lit, il fixe les geckos ventousés au plafond. Je lui demande à quoi il pense… « À rien », est sa réponse ; Claude ne pense à rien. Je ne peux pas m'imaginer qu'un cerveau puisse se mettre en mode *off*. Le mien est toujours plein d'images, de cas cliniques, entre lesquels se glissent les visages de mon épouse et de mes enfants, qui me demandent ce que je fais là, loin d'eux.

Ils me manquent, c'est vrai, je serais tellement mieux chez moi. Et puis à quoi sert tout cela ? Ce n'est qu'une goutte d'eau dans un océan de misère. Alors je me console en me disant que, parfois, une goutte suffit pour changer le destin de l'humanité. À mon petit niveau, je ne pense pas avoir changé le destin de l'humanité mais, ce qui est certain, c'est que j'ai changé le mien. Et depuis 1979, j'y retourne. Inlassablement.

Le sillage de l'*Île de lumière* avait matérialisé sa petite guerre : la scission entre Médecins sans frontières et ce qui allait devenir Médecins du monde. Une guéguerre humanitaire concernant le rôle de témoin de l'acteur humanitaire : se taire et soigner, ou dire et soigner ? telle est la question...

« Admis dans l'intimité des personnes, je tairai les secrets qui me seront confiés. Reçu à l'intérieur des maisons, je respecterai les secrets des foyers... » C'est cette partie du serment d'Hippocrate, prononcé par tous les médecins, qui posait problème à Bernard Kouchner et à tous ceux qui se sont embarqués avec lui sur le grand bateau blanc puis dans l'association Médecins du monde, créée en 1980 par les *French doctors*.

Dire qu'Amin Dada était atteint de démence syphilitique, c'était trahir le secret médical (dans le cas d'Amin Dada, ce n'était d'ailleurs plus un secret, toute la presse en parlait). Mais dire qu'il était un assassin et un criminel responsable du malheur de la population ougandaise, était-ce trahir un secret médical ? Et se taire, n'est-ce pas parfois une façon d'être complice de non-assistance à population en danger ? Non-assistance... la raison d'être des humanitaires. Faut-il pour autant composer avec le serment d'Hippocrate ? Dans sa fonction de soin, le médecin est tenu au secret professionnel, mais en tant qu'homme il en est délié lorsqu'il est témoin d'un crime ou de violences. Reçu à l'intérieur d'un pays où les droits de l'homme sont bafoués, peut-on seulement se cantonner à sa fonction de soignant ? Il y a des paroles qui tuent, mais il y a aussi des silences qui tuent.

Ces interrogations difficiles, il ne faut pas les esquiver, même si on ne saurait leur apporter de réponse définitive et que cela peut engendrer de l'insatisfaction. Cette insatisfaction semble d'ailleurs inhérente à l'action humanitaire : sur le terrain, les acteurs se transforment ; au contact des populations, inévitablement, ils sont amenés à questionner la nature et l'étendue de leur mission. Agir en tant que médecin n'empêche pas de se forger, au fil du temps et dans un conflit donné, une conviction. Comment arbitrer, ensuite ? Comment tenir ces deux rôles, médecin et témoin ? Comment ne pas vouloir s'attaquer aux causes quand, jour après jour, on en soigne les conséquences ? La discussion est infinie ; elle renvoie à une éthique de l'engagement qui traverse toutes les consciences : que faire, comment se situer face à la souffrance humaine ? Mais elle se double d'une difficulté particulière liée au rôle d'humanitaire. En chacun, l'homme et le médecin se rencontrent, s'opposent parfois, car le travail de l'un ne parvient pas à apaiser la révolte et le désir d'action de l'autre. Toutes les positions se comprennent. Elles témoignent d'un déchirement existentiel qu'il est impossible d'éviter.

De ce point de vue, l'action humanitaire et les dilemmes qu'elle entretient rappellent les difficultés auxquelles ont été confrontés certains jésuites, comme le révérend père Torres, au XVIIe siècle, désireux, pour préserver les Indiens guaranis et leurs *reducciones* des menées des colons portugais au Brésil, de recourir à la force et de prendre les armes.

À titre individuel, quelle position adopter ? Certains renonceront à leur rôle de médecin pour devenir partisans : Che Guevara n'est pas mort, il vit toujours au cœur des révoltes et sur les murs en ruine. D'autres se cantonneront strictement à l'action médicale. D'autres encore s'investiront de façon parallèle dans telle ou telle cause sans renoncer à leur travail de terrain. Ils ont été nombreux les médecins dans la Résistance. De nos jours, la politique offre une alternative plus apaisée. Plusieurs médecins siègent ou ont siégé dans des gouvernements, loin du terrain ; sans compter ceux qui acceptent une responsabilité civile d'élu local tout en assumant leur consultation. Ces hommes et ces femmes anonymes font leur la maxime de Rudolf Virchow, médecin pathologiste et universitaire du XIXe siècle, pour qui « la médecine, c'est de la politique, et la politique, de la médecine à grande échelle ». Si seulement !

Tiraillés, les humanitaires peuvent tout de même compter sur d'autres acteurs, dont le rôle, précisément, est de faire bouger les lignes sur le plan politique. Leur conscience, mise à l'épreuve quand ils sont sur le terrain, s'en trouve parfois soulagée, et leurs dilemmes peuvent ainsi refluer. Parmi ces acteurs se rencontrent d'abord les reporters.

Le couple reporter/humanitaire connaît une histoire mouvementée. Chacun son métier : les uns témoignent, les autres soignent, ces derniers espérant que l'action efficace des premiers parvienne à mobiliser les opinions publiques et, partant, à améliorer la situation politique globale pour limiter la multiplication des victimes. Les reporters sont présents partout où il y a des humanitaires, et même parfois avant eux. Chacun a besoin l'autre. Comme dans toute guerre, celle que les humanitaires ont engagé contre la misère du monde repose sur une équation économique fort simple : pour soigner, il faut du matériel ; pour avoir du matériel, il faut de l'argent ; pour avoir de l'argent, il faut susciter l'émotion. La recette est vieille comme le monde. Et malgré les effets pervers de la médiatisation, celle-ci est nécessaire à l'action humanitaire. À l'heure de grande écoute, les reportages sur les crises humanitaires guident la main vers le portefeuille.

La guerre du Biafra illustre ce lien ambigu entre humanitaire et reporter, entre témoignage et reportage. Pour la première fois, le conflit se déroule en direct sur les écrans de télévision. Suscitant un vaste mouvement d'indignation et de solidarité dans le monde occidental, sa médiatisation a guidé des commandos de médecins, avec l'aide de la Croix-Rouge et du gouvernement français, vers l'Afrique, passant outre la notion de souveraineté de l'État nigérian, s'ingérant dans le drame, soignant au péril de leur vie, pratiquant, bien avant que le concept ne soit formulé, l'ingérence humanitaire.

Mais jusqu'où la médiatisation est-elle souhaitable ? L'humanitaire coûte cher. Les missions engloutissent des sommes considérables pour se réaliser, se maintenir et atteindre leurs objectifs. Elles mobilisent en outre un réseau d'acteurs et d'intervenants qui ont parfois des intérêts contradictoires. C'est ainsi que le monde marchand a investi l'humanitaire, qui consomme annuellement plusieurs milliards de dollars. On ne compte plus le nombre de sociétés qui proposent leurs services et leurs produits transportables : unité hospitalière, de réanimation, de traitement de l'eau, de production d'énergie... Chaque besoin dispose de son kit à monter, souvent développé par des ex-humanitaires. Si les entreprises peuvent se montrer généreuses – et elles le peuvent souvent –, elles savent aussi utiliser le logo humanitaire pour leur promotion et calculer une marge pour certaines d'entre elles. *Charity business* oblige !

En 1980, nous étions à peine une trentaine de bénévoles autour de Bernard Kouchner pour porter la nouvelle association Médecins du monde sur les fonts baptismaux. Aujourd'hui, MDM est une entreprise dotée de plusieurs directions, qui gère plusieurs missions, dispose de plusieurs pôles (ressources humaines, comptabilité, communication, etc.), emploie des centaines de salariés et s'appuie sur des milliers de bénévoles. Les grandes ONG nationales ou internationales évoluent vers l'entreprise avec un rapport bénévolat/salariat qui tend à s'inverser. Ces ONG partagent le même environnement, les mêmes contraintes et imbrications que toutes les autres structures lucratives. Et si le produit « humanitaire » n'est ni un bien ni un service consommable, la valeur qu'il représente détermine largement les ressources financières de l'ONG. Le risque est grand alors d'assister à une distorsion des priorités et une dérive des idéaux, avec des experts en communication qui orientent le choix des missions vers les plus rentables en termes de retombées médiatiques et financières.

Autre lieu, autres dilemmes : qui soigner lorsqu'on intervient dans un conflit où se distinguent victimes et bourreaux ? Et cette division est-elle toujours claire ?

Seule une souris avec une clochette autour du cou veille encore sur la prison de Namalu, dans le Karamoja, en Ouganda. Les prisonniers se sont évadés. Leurs gardiens ont rejoint l'armée en guenilles d'Amin Dada à l'affût dans les montagnes. Les réfugiés et les malades ont pris leur place dans les cellules de la prison transformée en hôpital de brousse. Sur cette terre du Karamoja, les quatre cavaliers de l'Apocalypse chevauchent à bride abattue. Les plus faibles, les enfants, les femmes et les vieillards ont sévèrement écorné la pyramide des âges.

Les blessés, de jeunes soldats ou des pillards robustes et bien nourris, se distinguent de la population amaigrie et squelettique qui occupe la prison. Mais rien ne permet de différencier le soldat de l'armée tanzanienne, qui occupe le pays depuis la fin des années 1979, du bandit qui rançonne les villageois. À part l'usure du treillis, leur sang a la même couleur, et la douleur tire les mêmes traits sur leur visage.

La prison a simplement changé de pensionnaires, une entourloupe africaine du destin. Les bâtiments se prêtaient bien à leur nouvelle fonction. Les cellules collectives et la cour cloisonnée de l'aile gauche regroupent ceux qui toussent et crachent du sang. Dans l'aile droite sont rassemblés ceux qui se vident en diarrhées. D'un côté les tuberculeux, de l'autre ceux qui sont atteints du choléra ; des deux côtés, les mêmes fantômes accroupis au sol patientent en silence. Le bâtiment central est réservé aux malades déshydratés et dénutris.

« Je ne te demande pas quelle est ta race, ta religion, je te demande quelle est ta souffrance. » Un énoncé classique qu'il faudrait compléter : « ...et quelle est la souffrance que tu infligeras à ton semblable lorsque j'aurai soigné la tienne ! » Ce jeune à qui l'on vient de suturer les plaies, c'est peut-être l'un des bandits qui faisait partie du guet-apens dans lequel deux de nos chauffeurs ont perdu la vie. C'est peut-être lui aussi qui nous a secourus en me désignant *« daktari, daktari »* (« docteur, docteur ») lorsque ces mêmes bandits ont encerclé notre véhicule et nous ont conduits dans un camp de fortune loin de la piste. Grâce à cet inconnu, probablement un ancien patient, nous sommes repartis mon chauffeur et moi, sains et saufs, au prix d'une consultation improvisée en pleine brousse avec distribution de paracétamol et de vitamines.

Parce qu'il s'inscrit dans un contexte qui justifie l'engagement de soignants venus d'ailleurs, le rapport médecin/patient en Humanitarie prend une forme particulière. Les victimes ne sont pas de simples citoyens dont il faut traiter des affections courantes. Elles sont situées politiquement. Bien que le médecin s'applique à panser des blessures, il intervient sur des « victimes » – et parfois sur ceux qui les ont meurtries. La bascule sémantique – passer de « patient » à « victime », voire à « bourreau », n'est pas anodine. Là encore, la conscience s'agite. Venir en aide de façon inconditionnelle, est-ce encore une option, une position acceptable d'un point de vue éthique, quand les conséquences d'une guérison peuvent à leur tour peser sur le drame en train de se jouer ? En quoi le médecin humanitaire doit-il croire pour continuer à exercer dans un tel contexte ? Une nouvelle de Jack London, « La fin de l'histoire », raconte les aventures d'un médecin engagé dans le sauvetage de l'amant de sa femme. Les rôles sont connus des deux époux ; pourtant, le médecin, expert en son art, va s'investir avec passion et remettre d'aplomb le corps en lambeaux de son rival. Jack London élabore une réponse prométhéenne à la morale bourgeoise : son personnage de médecin, démiurge, refuse l'impuissance face au déclin ; joueur, il défie la mort et s'engage à remonter la pente du vivant, pour s'éblouir de la mécanique des muscles qui se contractent à nouveau, des tendons qui coulissent, des os qui une fois ressoudés soutiennent le vivant. Cette passion pour la vie, la certitude d'œuvrer au rétablissement d'un corps, peut-elle suffire à l'humanitaire pour être sûr de sa place et, dans un conflit donné, évacuer, ou du moins atténuer, la question du rôle de ceux qu'il soigne : victimes ou bourreaux ? Sans doute un peu. Mais s'il en va de la médecine comme d'un art, l'engagement humanitaire est-il déjà en soi une façon de s'exprimer politiquement, en choisissant d'exercer dans un monde où la souffrance est quotidienne, ou existe-t-il une façon de s'impliquer davantage, en pesant sur le cours de l'histoire à travers chacun de ses actes ?

Tout acte, particulièrement dans ma spécialité de réanimateur, intervient dans une histoire personnelle et, à la marge, dans l'histoire en général. Devant un patient-bourreau, l'abstention ou la limitation thérapeutique peut infléchir le cours d'une vie. Non pas l'abstention par manque de moyens ou face à une situation thérapeutique déraisonnable, mais l'abstention volontaire, consciente des conséquences. C'est un choix possible. Pourtant, le respect absolu de la vie est l'unique réponse pour traverser ces zones de turbulence.

Certains soirs, sur le haut plateau du Karamoja, les tirs de kalachnikovs et de mortiers se font entendre. Les bandits pillent un village que les secours ont ravitaillé dans la journée puis s'évanouissent dans l'obscurité. À quelques kilomètres de la prison-hôpital, la mission des Pères blancs de Vérone, à laquelle nous confions les orphelins, jouit d'une immunité territoriale. Les bandits évitent ces lieux, non tant par respect du sacré, mais parce qu'ils ont essuyé les tirs du père Fortuno, surnommé le père Kalachnikov : un saint homme, une croix dans une main, un fusil-mitrailleur dans l'autre. Dans ces terres lointaines, les voies du Seigneur sont impénétrables.

Toute rencontre, bonne ou mauvaise, induit une transformation des êtres en présence, au-delà de ce qui résulte de l'échange raisonné entre deux consciences. Se trouver face à l'autre provoque un trouble, d'autant plus profond que la situation qui a suscité la rencontre place les individus dans un rapport déséquilibré : les uns souffrent, les autres soignent ; les uns reçoivent de l'aide, les autres veulent leur en apporter. Mais refuser cela, croire qu'il serait possible d'être en contact sans perturber, d'agir auprès de quelqu'un sans transformer le contexte et se transformer soi-même, est illusoire. C'est nier le principe même d'une relation, en cherchant à évacuer l'incertitude, la part immaîtrisée de ce qui fait une rencontre.

Une souris avec une clochette autour du cou, cela n'existe que dans la tête des prisonniers de Namalu. La fatigue, la chaleur accablante des journées, les nuits froides et le trop-plein de souffrance donnée à voir ont créé cette hallucination dans la tête des soignants. À moins que la petite souris vienne chercher la miette de pain auprès d'un détenu qui l'a apprivoisée. Elle trottine sur la margelle de la lucarne, s'arrête, puis disparaît dans la nuit. Et comme par magie la tension accumulée s'échappe avec elle. Magie africaine que prolonge le jeune Émeric, un membre de l'équipe. Sous les regards émerveillés des malades, à ses heures perdues, il devient magicien. Cet art exercé auparavant dans les cabarets parisiens efface, le temps de ses tours de passe-passe, la misère et la souffrance.

Le choléra, la rougeole, la dénutrition, la déshydratation et les blessures de guerre ne laissent guère le temps de se poser trop de questions. Rattrapé par la réalité, il faut faire des choix, et les faire vite, avec les moyens du bord. L'urgence et l'action deviennent l'unique objet de la pensée. La critique se noie dans le soin. Le recul n'est pas suffisant et il manque le regard extérieur pour se remettre en question. Pendant des mois, prisonnier de Namalu, je suis resté emmuré dans ma mission. Il me faudra deux ans pour en digérer les réminiscences et les cauchemars...

Il n'y a plus personne à soigner à Maringué ; il n'y avait déjà personne lorsque l'armée a repris la ville. Dans cette brousse s'éternise depuis plus de vingt ans un conflit de la décolonisation. La RENAMO combat les forces gouvernementales, mais avec le temps la rébellion s'apparente plus à une bande de pillards qu'à un mouvement de revendications politiques. Sur les pistes, l'insécurité est permanente et les déplacements se font en convoi sous protection militaire. La population est prise en otage, les villages sont attaqués et leurs habitants massacrés ou atrocement mutilés. Les structures de santé sont devenues des cibles au même titre que les colonnes de ravitaillement. Portrait classique de l'Humanitarie.

Maringué, au fin fond du Mozambique, était une halte réputée où se croisaient les safaris des chasseurs blancs à la recherche des *big five*.

De la bourgade jadis paisible, il ne reste que des ruines où se promènent, encadrés par des gardes sur le qui-vive, les deux humanitaires invités par le gouvernement pour réhabiliter le dispensaire et installer une mission de santé primaire. C'est absurde. Maringué est une ville fantôme, sa population a déserté les lieux. Il ne subsiste que des pans de murs calcinés, des toitures effondrées, des ruelles jonchées de gravats et de tôles froissées que la nature s'efforce de faire disparaître en s'infiltrant dans les moindres fissures. Des fougères arborescentes se disputent l'espace avec les palmiers, les ficus, les faisceaux denses des bambous et les goyaviers lourdement chargés de fruits. Avant l'arrivée des hommes en armes, ce lieu ressemblait à un petit paradis. L'église éventrée a perdu son clocher, effondré dans l'abside. D'ailleurs, à quoi pourrait-elle encore servir maintenant ?

J'ai pris la responsabilité de la mission, je l'ai suivie et évaluée durant les six années de son existence. Cela m'a valu de nombreux déplacements, d'interminables réunions de coordination et de conciliation, des campagnes de recherche de fonds et beaucoup de cheveux gris.

Avec le recul, je pense que le choix de notre implantation à Maringué n'était pas le fruit du hasard mais relevait d'un calcul politique. La présence d'une équipe médicale française devait rassurer la population et faire revenir ceux qui avaient fui dans la brousse. En dernier ressort, dans l'esprit du gouvernement, notre mission était censée créer une ceinture d'immunité médicale pour stabiliser le site. Sans aucun doute, il y avait une part d'instrumentalisation et de provocation de la part des autorités. Maringué, au centre du Gorongosa, était jusqu'alors le bastion de la rébellion et la mission de Médecins du monde avait été annoncée à grand renfort de publicité dans la presse mozambicaine. À l'évidence, après notre passage, les combats ont repris. Maringué est retombée aux mains des rebelles qui ont redoublé de violence envers les civils revenus s'y installer. L'aide humanitaire provoque parfois une réactivation du conflit. Les belligérants l'utilisent comme une caisse de résonance pour faire valoir leurs revendications ou tout simplement pour affirmer leur capacité de nuisance. La RENAMO nous en a fait la démonstration en attaquant quelques mois après notre installation l'un de nos dispensaires et en tuant les deux agents de santé élémentaire qui s'y trouvaient.

Maringué, un flop sanglant. Retour à la case départ. Sur le coup, entre altruisme et exotisme, on ne se rend pas compte qu'on est un pion sur un vaste échiquier. Nous n'avons pas débarqué par hasard au Mozambique. Après l'accord de cessez-le-feu avec la guérilla, le gouvernement marxiste-léniniste sollicite l'aide internationale. Pour l'Occident, en pleine guerre froide, l'ouverture d'un pays communiste est une opportunité politique et commerciale, la promesse d'un marché et l'accès à des ressources minières non exploitées. La France, pays contributeur de l'aide, propose de s'occuper du volet santé de cette demande dont fait partie la prise en charge de la santé primaire dans la province du Gorongosa. L'Afrique, vaste terrain sur lequel les politiques, les marchands, les banquiers des anciennes colonies poussent leurs pions ainsi que les humanitaires quand leurs déplacements sont bloqués. Pour une mission au Mozambique, notre situation est plutôt confortable, même si les balles sifflent plus fort car nous n'avons débarqué que d'un seul côté du quai. C'est plus compliqué lorsqu'il faut s'imposer dans la crise sans être sollicités. C'est au mieux une tolérance négociée ou un marchandage pour atteindre les victimes, au pire une ingérence.

Côté obscur de l'humanitaire, qui sert bien d'autres intérêts que ceux des victimes. Mais il ne faut pas être naïf : intervenir dans un pays en guerre, même pour seulement soigner, c'est être partie prenante d'un conflit. Qu'on le veuille ou non. Et ne pas le vouloir, espérer ne faire que son métier, être seulement médecin sans se préoccuper « du reste », ne change rien à l'affaire. De fait, les humanitaires sont des acteurs politiques. Qu'ils soient à l'origine d'un projet de mission ou instrumentalisés par leur gouvernement, ou par les autorités locales, ils doivent assumer ce statut pour être plus efficaces en amont, et plus forts et utiles sur le terrain. Cela suppose qu'ils apprennent un nouveau jeu, afin de découvrir des leviers d'action, voire instrumentaliser à leur tour pour parvenir à leurs fins. L'exercice et parfois la méthode ne sont pas du goût de tout le monde. Mais comment s'en affranchir ?

Comment imaginer pouvoir exercer quelque part sans que ce lieu ou le contexte dans lequel il s'inscrit ne colorent l'intervention ? Utopie, au mieux. Inconscience ou absence de compréhension de ce que signifie un engagement, au pire. Se passer d'autorisation parce que cela est nécessaire pour sauver des vies est une prise de position ; attendre d'être validé par une autorité officielle aussi. Agir au sein d'une association qui est elle-même l'émanation d'une volonté qui a germé dans un pays donné n'est pas anodin non plus. On ne peut échapper à la dimension politique de l'action, fût-elle inspirée par des principes qu'on souhaite détachés de toute forme de militantisme et qui sont universellement partagés.

Dans les années 1980, l'Afrique s'est enfoncée dans la misère. Mauvais tour de la *tyché* ? Conséquence du dérèglement climatique qui influe sur la périodicité et l'intensité des épisodes de sécheresse, avec les douleurs consécutives ? Là encore, il serait naïf de le croire. L'histoire, plus particulièrement l'histoire politique du continent, avec la vague des décolonisations et les premières fins de règne des potentats issus de l'indépendance, explique très largement la spirale macabre de la misère africaine. Que les frontières de l'Humanitarie se confondent pour partie avec celles du laboratoire de nos expérimentations hégémoniques n'est pas un hasard, mais la résultante de décisions antérieures. Et si, comme Clausewitz l'annonçait, « la guerre est la continuation de la politique par d'autres moyens », l'humanitaire – en tant que moyen d'agir pour aider des populations en souffrance – est aussi un instrument politique, s'inscrivant dans un processus de négociation et de diplomatie plus général. Alors il ne faut pas désespérer mais ouvrir les yeux, rester lucide et ne pas verser dans un idéalisme absurde.

Notre mission au Mozambique s'est finalement installée à Nhamatanda, une localité située à mi-chemin entre Harare, la capitale du Zimbabwe, et le port mozambicain de Beira, sur un axe de communication vital pour l'économie du Zimbabwe, et donc protégé par ses troupes. En fait, ces troupes ne protégeaient que leurs convois. Les pillages se poursuivaient à distance de Nhamatanda. Depuis l'attaque du dispensaire, l'immunité médicale s'était instaurée. Aucune attaque de convoi n'eut lieu lorsqu'un de nos soignants en faisait partie, et les locaux prévenaient nos infirmiers et nos médecins qu'il était dangereux d'emprunter telle piste, tel jour. L'équilibre de la terreur entre les forces gouvernementales et les rebelles avait créé un espace de tranquillité autour de l'hôpital.

Durant six ans, la mission a grandi. Elle a fédéré tous les acteurs de santé. Les matrones et les marabouts ont été intégrés dans le programme de santé primaire. L'hôpital s'est développé. Une unité de radiologie, un bloc opératoire et un centre de formation ont été ajoutés. En 1990, Médecins du monde remit au service de santé mozambicain un hôpital neuf, entièrement reconstruit, avec une équipe de soignants formés et expérimentés, et un centre de formation et un réseau de dispensaires fonctionnels.

Au cours du voyage, j'ai eu la chance de rencontrer des personnes extraordinaires. Il y a des hommes et des femmes qu'on n'oublie pas ; ils restent vivants dans l'émotion et les souvenirs. Certains, disparus trop tôt, poursuivent leur course dans les étoiles.

René Gagnaux était de ceux-là. Activité : médecin missionnaire. Nationalité : suisse, suisse allemand. Date d'arrivée au Mozambique : 1964. Fonction : médecin directeur de l'hôpital de Xinavane. Ce *Swiss doctor* était un « vrai de vrai », un pur et dur, connu et respecté dans tout le pays, un Schweitzer helvète. Des dizaines d'opérations par jour en temps de guerre, ça vous campe le bonhomme.

« Fais gaffe où tu roules. Suis mes traces et tout se passera bien ! » De sa voix rauque à l'accent flâneur, Gagnaux enfourche un vélo déglingué et me désigne l'autre engin, qui n'a rien à envier au sien. L'homme est bourru, trapu, sec. Ses rouflaquettes en colonnes corinthiennes broussailleuses encadrent une tête carrée et supportent une abondante chevelure bouclée grisonnante. René Gagnaux fait partie de l'histoire du Mozambique. Depuis vingt-cinq ans qu'il y exerce, il a ce pays dans le cœur, la tête et la peau. Il s'est « mozambicanisé ». Son habileté en chirurgie réparatrice des blessures de guerre et traumatismes obstétricaux draine des patients de très loin, de bien au-delà de la province. Et s'il ne connaît pas tout le monde, tout le monde le connaît, jusqu'au président, qui fut un temps l'un de ses infirmiers avant de s'engager dans la lutte de libération. Un soir, alors que nous dégustons religieusement un verre de schnaps (production artisanale de mon père fournie à chacun de mes passages), il me confie ses hésitations à accepter la médaille Bagamoyo. D'une part, accepter cette décoration lui ferait perdre sa neutralité ; d'autre part, cela lui ferait choisir son camp aux yeux de la rébellion, qui jusqu'alors les ont épargnés, lui, son hôpital et son village.

« Que ferais-tu à ma place ? »

À sa place ? Travailler au côté de cet homme d'exception est un immense privilège ; me mettre à sa place, une prétention que je ne m'autorise pas. J'hésite à lui répondre ; je laisse un ange passer, cherche un moyen de détourner la conversation. De toutes les décisions difficiles qu'il a eu à prendre durant son apostolat, celle-ci l'ébranle dans ses certitudes. Je le comprends. L'air songeur, René Gagnaux tournicote la broussaille de sa tempe – un tic, ou plutôt une habitude dont il m'a un jour raconté l'origine. Une tumeur cutanée s'était infiltrée là, résistant à tous les traitements. « Au bout de trois mois, j'en ai eu assez, j'ai coupé avec une lame de rasoir, étalé sur une lamelle de microscope et envoyé le tout à l'Institut d'anatomopathologie de l'université de Bâle. Devine ce qu'ils m'ont répondu après trois mois : morpions ! » Comme quoi, l'auscultation directe des bruits du cœur fœtal sur l'abdomen des femmes enceintes peut se révéler dangereuse. Il achève son histoire dans un rire tonitruant.

Le docteur Gagnaux, médecin, missionnaire, humanitaire, est dans la lignée des héros qui n'ont d'armes que leur trousse médicale et une foi à traverser l'enfer pour soigner envers et contre tout. Durant des années, il a soigné des milliers de patients et de blessés – soldats, civils, insurgés. Ardent défenseur des droits de l'homme, il a fait de son hôpital une petite Suisse des tropiques : une zone d'accueil et de paix dont il défendait la neutralité. Ce qui lui valut de solides inimitiés. Il n'abandonna pas sa mission, même après s'être fait enlever par les rebelles, après que des soldats eurent incendié son infirmerie ou des attaques dangereusement menacé son hôpital.

L'histoire humanitaire est faite de ces hommes et de ces femmes qui ont l'esprit de don vrillé dans l'âme, irradiant jusqu'au bout des ongles. Mais il n'y a qu'un René Gagnaux, comme il n'y a qu'un Albert Schweitzer, et curieusement leur chemin de vie se ressemble... sauf la fin.

Tous deux étaient protestants, missionnaires, médecins bercés par l'humanisme rhénan. Tous deux ont quitté une situation confortable : René Gagnaux aurait pu être un respectable praticien installé à Lausanne ; Albert Schweitzer était destiné à être professeur agrégé de théologie à la faculté de Strasbourg, tout en gardant sa charge de pasteur à l'église Saint-Nicolas. Tous deux ont passé leur vie avec leur épouse dans un hôpital de brousse parce qu'ils estimaient juste de partager les talents que la nature ou Dieu leur avait donnés et qu'ils se devaient d'essayer, à leur niveau, de réparer la faute coloniale.

« Fais gaffe où tu roules. Suis mes traces et tout se passera bien ! » Nous empruntons une piste masquée par des hautes herbes, véritables palissades de végétation. Mon attention reste fixée sur la roue arrière de la bicyclette de Gagnaux. J'essaie de suivre ses instructions : roue dans la roue, trace dans la trace. Son inquiétude est pour la piste. Il s'arrête par moments et inspecte avec attention les ondulations de la latérite qui se déploie devant nous. Que cherche-t-il ? Il finit par lâcher : « Ces fumiers posent des mines un peu partout maintenant, même chez moi, à Xinavane, tu te rends compte ! »

Nous nous rendons au ravitaillement dans une ferme collective située à une vingtaine de kilomètres de Xinavane. Les grandes sacoches de part et d'autre des porte-bagages attestent l'importance de la mission. Nécessité et bravade, Gagnaux impose son rythme à cette contrée. Les rebelles, habitués à entendre le grincement des vieilles bicyclettes, restent tapis dans les hautes herbes. Nous traversons le fleuve Maputo avec nos vélos, embarqués sur une barque à fond plat extraite de sa cachette de branchages.

« Avant, il était dangereux de traverser ici, à cause des hippopotames, me prévient-il. Maintenant, c'est tranquille, les rebelles les ont tués pour les manger. » Alors que nous glissons doucement vers l'autre rive, il plonge son regard dans le mien, un petit sourire au coin des lèvres : « Il y a vraiment des jours où l'on se demande ce qu'on est venu faire ici, n'est-ce pas ? » Comme les pistes de la brousse, Gagnaux connaît bien le cœur des hommes, il a sa réponse ; je cherche encore la mienne.

Le soir, après la contre-visite à l'hôpital, nous marchons pensifs sur le chemin vers la maison du docteur. La lune haute dans le ciel éclaire de sa lumière blafarde la nuit tropicale. J'hésite à rompre le silence et finalement me lance :

« Dis-moi, René, tu n'as jamais eu peur ?

— Et toi ? »

Je ne sais pas si c'est le docteur Gagnaux ou Schweitzer qui m'interroge en me regardant plein d'humanité.

Peur ? Oui, j'ai eu peur. Le canon de la mitraillette pointé sur vous déclenche un frisson qui parcourt l'échine de haut en bas. Puis soudain la pile se vide et une étrange paix intérieure s'empare de votre être. Vous êtes absent à vous-même et votre corps poursuit son fonctionnement en mode automatique. Ce n'est qu'une fois à nouveau sur la piste que cette distanciation entre le psychique et le physique disparaît. On se recompose, assis dans le 4x4, écrasé par la chaleur tropicale. On grelotte, complètement épuisé.

La peur : un sentiment que connaît le médecin, mais qui s'infiltre et se déploie de façon étrange en Humanitarie. Dans le cadre de sa pratique habituelle, dans les institutions policées de l'Occident victorieux, l'homme de l'art s'inquiète de la vie qui s'échappe d'un corps qui n'est pas le sien. Son travail, surtout aux urgences, s'apparente parfois à une lutte contre la mort, et cela peut être source d'inquiétude. Mais l'inquiétude est plus proche ici de celle d'échouer, de ne pas réussir à mener à bien l'opération délicate qui permet d'obtenir le résultat attendu, que de celle, glaçante, de perdre la vie, *sa* vie. Ce n'est pas le médecin qui, ordinairement, est envahi par cette peur ; la victime, elle, l'éprouve – lorsqu'elle est consciente du moins. Tout est fait, au contraire, pour que celui qui soigne – tant sa mission est importante – soit libéré des préoccupations, des angoisses, des noires images qui nuiraient à l'établissement d'un diagnostic et à l'accomplissement des gestes qui sauvent. Aider le médecin à faire le vide, telle pourrait être la fonction de l'institution, et des équipes qui entourent celui qui intervient. Mais que se passe-t-il lorsque le contexte ne garantit plus cela ? Comment être docteur la peur au ventre ? Car cette fois, la décharge d'adrénaline vous est destinée.

Le terrain humanitaire est périlleux, les acteurs sont de plus en plus pris pour cible. L'insécurité réveille l'inquiétude, l'attente de l'événement redouté. Les rumeurs, les difficultés de communication et de logistique, la barrière linguistique et culturelle alimentent une tension permanente, palpable dans les équipes de terrain. Au risque de mettre en jeu la cohésion et l'efficacité de la mission.

Le 2 mai 1990, une Jeep roule en direction de Manica. Au volant, le docteur Gagnaux. Des rebelles l'arrêtent et lui ordonnent de le suivre ; leur chef est souffrant. Gagnaux répond que ses patients l'attendent au dispensaire. « Puisque tu ne veux pas nous suivre, tu vas mourir sur place », lui répond l'un des rebelles en déchargeant sa mitraillette. René Gagnaux est devenu un héros national au Mozambique. J'ai eu la chance de connaître cet homme d'exception. Il reste vivant dans la mémoire de tous ceux qui l'ont connu.

Le proverbe dit : « Si tu veux dîner avec le diable, munis-toi de couverts dotés de longs manches, sous peine de faire partie du menu. » Car il faut parfois s'assoir à la table du Malin et partager son repas lorsqu'on s'engage en Humanitarie.

En 1984, l'Éthiopie traverse une énième famine. Le pays, autosuffisant en situation de croisière, subit régulièrement des périodes de disette. Mais cette fois, l'ampleur du phénomène dépasse l'imagination. Une gestion agricole catastrophique, des déplacements forcés de population pour le contrôle des mouvements irrédentistes du Tigré et du Wollo ont démultiplié les effets de trois années de sécheresse.

L'Éthiopie a faim, l'Éthiopie se meurt, les images font le tour du monde et soulèvent l'émotion collective. Band Aid, Bob Geldof, le milieu du spectacle, les ONG, les organisations internationales s'unissent en musique dans le même élan de générosité. Il pleut du blé sur l'Éthiopie, mais pas n'importe où, pas n'importe comment…

Le soleil nous écrase sous une chape de plomb, même nos ombres se réduisent pour ne pas coller aux plaques de bitume éclatées par les bombardements.

De rares passants se faufilent sur l'avenue centrale d'Asmara, puis disparaissent furtivement dans les ruines. Au loin, la chaîne des monts Alegua étire ses pentes arides dans la brume ondoyante. Sur les hauts plateaux abyssins, les rayons dansent dans la poussière et floutent le paysage. Rendre flou, c'est aussi ce à quoi s'emploient nos interlocuteurs éthiopiens.

Les 10 000 tonnes de blé collectées par les écoliers de France ne sont qu'une faible partie de la provende, qui suscite beaucoup de convoitise. Accusée de détourner l'aide et de poursuivre la politique de délocalisation, la Commission éthiopienne d'aide et de réhabilitation, la RELIEF, a dû confier aux organismes internationaux l'organisation de la distribution. Mais avec des ONG comme Médecins du monde et Action Écoles, un rapt de la cargaison peut s'envisager. Les réclamations se perdront dans les remous de la crise.

Le sourire affable de l'obèse affalé dans son fauteuil ministériel qui manipule de ses doigts boudinés notre ordre de mission n'a rien d'engageant. C'était lui le maître de la pluie, jusqu'à ce que l'ordre international lui rogne les ailes.

Il a cependant gardé sa capacité de nuisance : aucun camion ne roule, aucune pompe ne délivre de gasoil, aucun *check point* ne peut être franchi sans son aval. Les petits chefs sont une espèce florissante dans les pays pauvres ; même si sa durée de vie est relativement courte, l'espèce est vivace et persistante.

Le bateau qui achemine l'aide collectée a déjà pris la mer et navigue vers le canal de Suez. Ce n'est pas en mer que la cargaison risque d'être pillée par des pirates, mais bien sur les pistes d'Éthiopie. Des tonnes de céréales sont entrées dans les entrepôts de la RELIEF sans jamais ressortir sur le terrain, là où sont les besoins. Sur les pistes, plusieurs centaines de sacs de blé sont tombés du camion... comme sauf-conduits pour ouvrir un passage et accéder aux victimes. La part du diable est une maladie de l'aide humanitaire.

Le ministre joue la montre, sourire affable et carnassier. Raminagrobis observe sa souris derrière d'épaisses lunettes en écaille. Médecins du monde et ses quelques milliers de tonnes d'aide ne font pas le poids. Il n'est pas pressé, il attend, il s'est déjà assez servi : grosse bague et bracelet en or, montre de luxe et masse graisseuse contenue dans un costume de qualité – la famine ne les a pas atteints, lui et sa tribu. Un modeste supplément, ce n'est pas de refus, mais, plus les petits chefs deviennent gras, plus ils risquent de se faire éjecter. La bonne fortune de notre ministre attise bien des convoitises. C'est son talon d'Achille et notre chance. De part et d'autre du bureau, chacun joue à jusqu'où il ne faut pas aller.

Pour gagner la partie, nous lui sortons notre joker : le directeur de la planification et premier conseiller du ministre de la Santé, le docteur Tamrat. Un incontournable du régime. Lui dans la boucle, les menus arrangements seront compromis. D'autant que, entre docteurs, l'entente est rapide. Surtout si celui-ci a fait ses études à Strasbourg et sa spécialité de pédiatrie à Colmar, où il a gardé des liens étroits avec les collègues de l'hôpital. Le docteur Tamrat, qui s'est autodésigné pour être notre référent et notre médiateur, va nous sauver la mise. Et le gros poussah de se serrer la ceinture.

De quoi l'humanitaire est-il malade ? Ces maux sont-ils chez lui consubstantiels ou peut-on imaginer, espérer, une transformation, une évolution heureuse qui le rapproche de ses vertus cardinales ? Les plus faibles se trouvent toujours sous la coupe d'un maître dont ils forment la clientèle. Cela depuis avant l'invention du *patronus* par les Romains. En situation de crise – guerre, disette, révolution, etc. –, lorsqu'ils deviennent « victimes », les clients savent pouvoir compter sur la protection du maître. Le pacte ainsi scellé est fondé sur une relation interpersonnelle : dépendance des uns contre assistance de l'autre. On retrouve, loin dans l'histoire, les racines de ce mariage délétère dans lequel le secours dépend d'une personne (et donc de ses humeurs, de ses projets, de ses propres alliances). C'est pour lutter contre le pouvoir concurrent des maîtres que l'État a été institué, garantissant à son tour assistance et protection, dans le cadre d'une relation qui neutralise l'arbitraire d'une dépendance personnelle. Mais qui préserve les populations de leur propre État, oppresseur ou défaillant, quand la relation interpersonnelle se reconstruit au sein de l'institution ?

L'adjectif *humanitaire* peut s'accorder avec plus ou moins de bonheur à d'autres termes qu'*action*, *aide* ou *médecine.* Tourisme, raid, promotion, commerce, politique, voire guerre, toutes les activités humaines peuvent se parer d'humanitaire, et elles le font parfois sans complexe. C'est du Canada Dry : cela ressemble à de l'action humanitaire, mais...

J'aurais dû me faire ces réflexions avant de me trouver dans la Land Rover qui suit la piste lovée comme un serpent au flanc des contreforts montagneux. Mes pensées flottent au milieu d'un paysage désertique fondu dans la fournaise solaire.

« Mais qu'est-ce que je fais ici ? »

La gorge sèche, la bouche cartonnée et sableuse, j'ai soif ; je serais tellement mieux attablé à la terrasse d'un café de Colmar devant une bonne bière. Ce verre remplit ma tête du liquide frais et mousseux, un mirage comme celui du capitaine Haddock perdu dans le désert. J'ai le sentiment d'être l'instrument d'un ordre supérieur qui me dépasse et qui m'a coincé dans ce foutu véhicule en plein milieu de nulle part.

Dans une chaleur d'enfer, nous atteignons Barentu, une bourgade fantôme. La moitié des habitants a quitté les lieux. « Migrant de la faim » est l'euphémisme pour justifier la politique de déplacement de population. Les âmes qui vivent encore ici se sont réfugiées dans les cases en argile, en quête d'un peu de fraîcheur.

Il faut tirer de sa sieste le chef du village pour ouvrir le grenier communal – vide, bien sûr. L'aide alimentaire arrive au bon moment. Nous sommes seuls à décharger : pas d'attroupement de corps faméliques autour du camion, pas de photographe pour immortaliser le *French doctor* peinant sous le poids des sacs. Le déchargement traîne sous le soleil. Vers la fin de la journée, quelques villageois viennent nous aider. La nuit tombe vite, la chaleur aussi, et moi avec, dans la salle communale qu'on nous a prêtée.

Nous avons quitté les ors de l'Élysée après avoir été briefés par Guy Pen le « monsieur Françafrique » de la présidence. Direction, l'aéroport Charles-de-Gaulle. Médecins du monde m'avait en quelque sorte « prêté » au ministère des Affaires étrangères pour évaluer les besoins en santé primaire de la région de Koubia, en Guinée. Pourquoi avoir choisi un humanitaire plutôt qu'un expert universitaire ? Mystère... La réponse m'est apparue plus tard. Accompagnés d'un architecte bigleux et d'une représentante du Quai d'Orsay, nous attendons dans les salons officiels de l'aéroport. De ses salons élyséens et VIP à la suite du Novotel de Conakry, après avoir étrenné la première classe du vol et ignoré les rues crasseuses et les bidonvilles derrière les vitres opaques de la Mercedes qui nous attendait au pied de l'avion, cette mission « humanitaire » sent trop le luxe et le cuir neuf. Je comprends mieux – la paie en moins – pourquoi les politiques et les hauts fonctionnaires s'accrochent tant à leur siège.

Le président Sékou Touré a eu la bonne idée, du moins du point de vue de la France, de rompre un anévrisme cérébral lors de la conférence des pays non alignés, faisant le bonheur de son remplaçant, Lansana Conté. L'horizon diplomatique s'est éclairci. La Guinée s'apprête à retourner dans le giron de la Françafrique.

Annoncés à grand renfort de presse, les projets de développement comme celui pour lequel on nous sollicite sont souvent voués à l'échec, contrairement, aussi bizarre que cela puisse paraître, aux projets d'exploitation minière des entreprises privées occidentales... Pourtant, dans les deux cas, ce ne sont pas les sacs qui tombent du camion mais les billets qui tombent du sac.

Sur la route de Labé, au sortir de Conakry, s'étend un parc d'engins de terrassement en ruine. La Mercedes officielle est passée vite, mais j'ai eu le temps d'apercevoir les étoiles rouges défraîchies sur les carcasses. Don de l'Union soviétique au camarade Sékou Touré... Rebut du parc d'équipement de la ville de Moscou, à durée de vie limitée, sans personnel d'entretien ni pièces de rechange, mais surtout un gouffre en gasoil, qu'un pays sans ressources pétrolières est incapable de s'offrir. Curieusement, certains engins ressemblent à des chasse-neige ! Pourquoi pas : il y a bien de la neige en Afrique, au sommet du Kilimandjaro...

Après dix heures de piste, nous atteignons enfin l'objectif principal de notre mission : l'hôpital préfectoral de Koubia. Ancien assistant au CHU de Besançon, le tout juste nommé ministre de la Santé, originaire de la ville, a l'intention d'y construire un mini-CHU et d'y centraliser informatiquement tous les dispensaires du district pour les statistiques et la surveillance épidémiologique.

Bien entendu, le tout payé par le nouveau pays ami comme cadeau de bienvenue dans le giron de la Françafrique.

Le rêve du ministre et des notables locaux est en contradiction avec la réalité. Un programme de réhabilitation conforme aux soins de santé primaire couvrirait largement les besoins de la population. Sans autre investissement massif.

Même si un coup de baguette magique, ou de Françafrique, transformait la pensée imaginaire de ces messieurs en hôpital flambant neuf, il n'y aurait de toute façon pas le personnel ni les compétences pour qu'il fonctionne. Le mini-CHU serait condamné à sombrer lentement mais sûrement dans la moiteur tropicale, à l'image de ce qui fut jadis, aux temps coloniaux, l'Institut Pasteur, fleuron de la recherche et de la production de sérum antivenimeux pour toute l'Afrique de l'Ouest, que j'ai visité quelques jours auparavant. Il n'en reste que des bâtiments éventrés, des paillasses défoncées, des couloirs jonchés de débris et une fosse rafistolée par du grillage remplie de serpents de toutes espèces, gavés des rats que leur balance un vieux gardien.

« Réhabilitation de la santé primaire dans le district de Koubia. Recommandations. » Tel est le titre du rapport de mission que je soumets au ministre de la Santé. La remise en état des bâtiments existants – rafraîchissement des murs, mise en place d'un mobilier neuf, fourniture de matériel médical standard et d'un matériel de radiographie de base pour l'hôpital – reste un investissement raisonnable. La relance du programme de santé primaire avec la sensibilisation et l'éducation de la population à l'hygiène alimentaire et corporelle, des campagnes de prévention des grandes épidémies, de dépistage de la tuberculose et de vaccinations constitue l'essentiel du rapport. À charge pour le gouvernement guinéen d'assurer un approvisionnement régulier de l'hôpital et des dispensaires, de renforcer les équipes de soignants et, surtout, de leur garantir une rémunération régulière et décente qui leur permette de se consacrer entièrement à leur fonction sans avoir à chercher des compléments ailleurs. Mes recommandations proposent en outre un plan de formation et de mise à niveau des agents élémentaires de santé avec la participation de Médecins du monde.

Les agents de santé élémentaire sont la clé de voûte de la santé primaire. Ils connaissent le pays, sont issus de la population, partagent sa culture et sont capables d'adapter les messages et les soins aux représentations collectives des maladies.

Mes conclusions n'ont pas plu au ministre ni aux notables qui voyaient déjà le grand chantier de l'hôpital et la manne financière pleuvoir sur Koubia. Par ricochet, elles ont été accueillies de la même façon au niveau de la cellule Françafrique, qui a renvoyé une mission d'évaluation. Quelque temps après, le mini-CHU de Koubia a vu le jour...

Le bon sens paysan n'est pas de mise dans les discussions politiques. Plus un investissement est important, plus élevés seront les frais de fonctionnement. À Koubia, la charrue était trop lourde, et l'attelage que peut fournir un pays en voie de développement trop chétif pour creuser le sillon. Deux années ont passé, je décline la demande pressante des Affaires étrangères de retourner à Koubia pour essayer de tirer la charrue de l'ornière.

Que faire de tout cela ? Comment assumer un tel gâchis ? Faut-il tirer la sonnette d'alarme et faire pression sur les gouvernements qui viennent en aide pour les inciter à agir autrement, en tenant compte de certaines réalités de terrain qu'ils semblent avoir perdu de vue ? Faut-il claquer la porte en se disant que, décidément, on est toujours le pion d'un plus gros que soi et que la générosité des uns déborde toujours le cadre de l'humanitaire ? Faut-il se résigner, continuer à voir des millions partir en fumée en se persuadant que c'est à ce prix qu'une action plus petite, ridicule par rapport à la mise de départ, est possible ? Les déceptions de l'humanitaire sont légion. Dans la pratique, bien sûr, mais tout autant dans la construction d'un projet. Or tout le monde, condescendant, semble fermer les yeux. Ce qui est grave à plus d'un titre : cela entérine la gabegie des deux côtés de la frontière (les uns savent qu'ils pourront se servir, les autres qu'il faut arroser largement), mais surtout, cela affecte la perception que les populations ont de l'humanitaire, devenu variable d'ajustement, moyen d'action dans des domaines qui, de plus en plus, s'éloignent de l'aide aux victimes.

Trop d'humanitaire tue l'humanitaire. L'arrivée d'un grand nombre d'associations sur un théâtre de crise diminue l'efficacité de l'action et détourne l'énergie vers la gestion de la cohue humanitaire. L'impréparation, la méconnaissance du terrain, une logistique insuffisante et, surtout, le manque de coordination sont contre-productifs. Il arrive que les associations restent bloquées sur le tarmac et qu'elles se marchent sur les pieds. Mues par le syndrome du bon Samaritain, elles s'efforcent de justifier leur présence et d'agir à tout prix. La concurrence médiatique et celle du *fundraising* se projettent sur le terrain. Elles risquent alors de devenir un poids dans la cohérence des secours et sur les faibles ressources encore existantes localement.

En décembre 1989, le peuple roumain assiège le palais présidentiel de son dictateur Ceauşescu. La révolution écrit son histoire en direct sur les écrans. Or la Roumanie est à portée de voiture, à 3 000 kilomètres de la France. Le spectateur passif peut enfin devenir acteur humanitaire. Son esprit lui ordonne d'agir, c'est le *do something syndrome*. La générosité remplit les camions, camionnettes et toutes sortes de véhicules. C'est la ruée vers l'Est. En réponse aux sollicitations et au devoir moral d'assistance, la délégation alsacienne de

Médecins du monde, avec l'appui des autorités locales, organise et coordonne l'aide. De nos jours, on parlerait du *hub* humanitaire de Strasbourg, d'où partent entre Noël et le Nouvel An deux convois d'une quarantaine de camions.

Le parc des expositions de la ville sort de sa torpeur hivernale. Lieu de collecte des dons et de rassemblement des véhicules, il bourdonne comme une ruche de dizaines de bénévoles ; un orchestre d'exilés roumains vient spontanément réchauffer l'ambiance. Les dons affluent. Du donateur anonyme à la fillette qui a cassé sa tirelire, en passant par le denier du culte des paroissiens, tous réinventent la chaîne de la solidarité et de l'espoir, qui se matérialise dans le grand hall par des lignes de triage bien identifiées : produits alimentaires ou d'hygiène, vêtements, médicaments, matériel médical. Les bénévoles trient, classent, regroupent et conditionnent en musique.

La sélection est drastique. À deux reprises, on nous propose des cargaisons d'armes lorsque la rumeur médiatique évoque un bain de sang à Timişoara. La vérité est toujours la première victime dans ces cas et, comme victime, elle peut entraîner les humanitaires et les politiques dans des décisions hasardeuses.

La petite histoire ne dira pas que des associations d'une même ville ou de deux villages voisins se sont rencontrées dans le même orphelinat ou le même dispensaire au fin fond de la Roumanie.

« Tiens, tu es là toi aussi ! »

Incoordination, que d'énergie perdue en ton nom ! Et que de décisions peu méditées…

Derrière la pharmacie de l'hôpital central de Conakry, à l'abri du soleil sous un préau, deux agents trient les boîtes de médicaments d'une grande caisse. Le pharmacien feuillette un vieux Vidal écorné pour les classer en génériques afin de les reconditionner : il y a le tas du paracétamol, celui des antibiotiques, celui des vitamines, celui des antidiarrhéiques… Et le tas des médicaments inutiles ou périmés, qui dépasse largement tous les autres. Au verso du couvercle de la caisse, une photo regroupe tous les donateurs de l'association qui ont vidé les pharmacies domestiques et se sont cotisés pour envoyer ce don de la France.

Ne jetons pas le bébé avec l'eau du bain, ce club service était certainement animé des meilleures intentions du monde. Un conteneur pour l'Afrique… c'est grand, ça se voit. Le don, c'est du concret. Tous les bénévoles devant le conteneur se reconnaissent dans le journal. En Guinée toutefois, le matériel stagne dans des entrepôts surchauffés par le soleil, son installation ou sa mise en route nécessitera un aménagement ou un investissement supplémentaire ; et, quand il tombera en panne, il n'y aura aucune pièce de rechange disponible ni la compétence pour le réparer. C'est en accéléré le sort du matériel usagé ou déclassé qui est envoyé en Afrique avec l'illusion du donateur de lui donner une seconde vie.

Le don en espèce ou en chèque n'a pas la même visibilité que le conteneur. Il suppose un lien de confiance entre le donateur et le récipiendaire. Près de la moitié des dons récoltés par les ONG proviennent de donateurs fidélisés. Les campagnes de collecte lors des drames hautement médiatisés remplissent l'autre moitié. Le tsunami de 2004 a fait déborder les caisses des grandes ONG, avec 350 millions d'euros récoltés en quelques semaines. Le don est un engagement lorsqu'il se fait en pleine conscience. Il perd cette dimension lorsqu'il sert à se donner bonne conscience et devient une monnaie pour s'acheter la paix intérieure.

Autre sujet de préoccupation : face à l'urgence et parce que l'élan de solidarité emporte tout sur son passage, les médias négligent de présenter les « dégâts collatéraux » de l'action humanitaire. Celle-ci bouleverse en effet les principes de l'éthique médicale. D'une part, l'autonomie, le libre arbitre et l'information éclairée du patient disparaissent derrière la situation de crise et le choc des cultures. D'autre part, en nous projetant ainsi avec tout notre matériel – souvent inadapté –, sans avoir consulté ni demandé l'avis des populations, nous oublions de tenir compte des faibles ressources locales qu'on aurait pu réactiver. En imposant notre médecine, nous apportons en outre à certains un désir de modernité qu'ils ne pourront jamais acquérir. L'action humanitaire doit se frayer un chemin entre les principes de bienfaisance et de non-malfaisance : en renvoyant après une réalimentation et des soins les malades vers leur vie de misère, de violence et de famine, quel crime ne commet-on pas ? Vis-à-vis des individus, vis-à-vis d'un système de soins qui, bien que défaillant, fonctionne peut-être sur d'autres bases. Lorsque les *French doctors* auront quitté un territoire, leur présence, leurs méthodes, les espoirs qu'ils auront suscités pèseront aussi sur l'avenir du pays. Des questions nouvelles, des alternatives inédites (et parfois bien utopiques) nourriront des perspectives souvent inadaptées. Quel bouleversement ne produit-on pas ? Et, en même temps, comment, sous couvert de respect, ne rien faire, abandonner des populations à un sort que nous savons pouvoir améliorer ?

Pour la belle histoire, longtemps après que le bruit de la révolution s'est tu en Roumanie, de nombreux jumelages et parrainages ont été établis pour le plus grand bien et le plus grand bonheur des uns et des autres.

Et pour l'histoire de la délégation régionale, en peu de temps, elle est devenue experte du transport humanitaire : T1, T2, bordereaux de douane, n'ont plus de secret pour moi. Budapest sans-abri, Sarajevo pour les assiégés, Leningrad en convoi officiel pour les hôpitaux pédiatriques et le Kurdistan pour la population en détresse menacée par les forces irakiennes, c'est une entreprise de transports humanitaires qui se met en place avec la même compagnie qui propose gracieusement camions et chauffeurs. « Docteur, vous avez besoin de combien de camions ? »

Moins de 20 % des projets humanitaires arrivent à leur terme, et 40 à 60 % sont en échec. Le 12 janvier 2010, un tremblement de terre de magnitude 7,7 frappe Haïti. L'épicentre se trouve à proximité de la capitale, Port-au-Prince, peuplée de 2,2 millions d'habitants, vivant pour la plupart dans des bidonvilles. La pauvreté, la densité de la population, l'absence de politique de prévention et de gestion des crises et l'inexistence des secours expliquent en grande partie les 250 000 morts, 300 000 blessés et 1,5 million de sans-abri. L'aide d'urgence débarque au troisième jour, accompagnée par les télévisions du monde entier, et trouve encore quelques ensevelis à dégager sous les caméras. Les téléspectateurs retiennent leur souffle et essuient des larmes. Ce qui n'est pas dit, c'est que ce sont les Haïtiens eux-mêmes, dans le plus grand dénuement, improvisant les secours, qui sauvent la majorité des rescapés. Mais là, il n'y avait pas d'images. Dans les catastrophes, le temps c'est de la vie ; après quarante-huit heures, les équipes de secours ne dégagent plus que des cadavres.

L'aéroport de Port-au-Prince est investi par l'armée américaine sous prétexte d'efficacité, et ce sont des centaines d'ONG et des milliers d'humanitaires qui débarquent dans la pagaille. Celles-ci s'installent à chaque coin de rue, pondent des centaines de projets, forment un « État ONG » dans un pays à l'État inexistant. Après le tremblement de terre, c'est la seconde catastrophe humanitaire. L'argent tombe du ciel, mais pas directement sur le peuple, d'abord sur les ONG et les agences internationales. Les promesses de dons servent en premier à autofinancer les bailleurs. L'intervention de l'armée se paie sur l'enveloppe, et la logistique des ONG en consomme une bonne partie. Les entreprises de construction américaine connaissent un rebond d'activité : sur 1 450 projets de reconstruction, 23 seront confiés à des entreprises locales. Au total, cinq ans après le séisme, le pays est toujours aussi pauvre, les bidonvilles ont repoussé, les infrastructures sont balbutiantes et le prochain tremblement de terre sera tout aussi catastrophique.

Le facteur essentiel qui porte la réussite ou l'échec d'une mission est humain. Il réside dans la motivation, la cohésion et la résilience de l'équipe qui conduit le projet. L'échec est un mot tabou. Chaque intervenant rejette la responsabilité, qui finalement retombe sur les victimes elles-mêmes, accusées d'avoir mal utilisé l'aide humanitaire ou de l'avoir détournée. L'échec, au bout du compte, renforce l'image négative que se fait la victime d'elle-même. Car il est difficile de recevoir sans possibilité de rendre. Cela peut être ressenti comme une humiliation, plus ou moins grande, selon la culture et les circonstances. L'aide apparaît alors comme un instrument de puissance à sens unique, un potlatch, et la démonstration de l'incapacité d'une population à gérer son malheur.

Voilà comment, avec les meilleures intentions du monde, on accentue la crise, on aggrave des situations, tout en entretenant une activité économique qui semble avoir besoin de catastrophes d'ampleur toujours plus saisissante pour se maintenir. Ouroboros ! L'enfer est sans doute pavé de bonnes intentions, mais le paradis, lui, est plein de chausse-trapes.

Après plus de quarante ans d'humanitaire, malgré les couleuvres et les désillusions, je garde tout de même espoir. Mieux que cela. Les errements sont inévitables – ce qui ne signifie pas qu'il ne faut pas chercher à les éviter –, mais ils ne peuvent suffire à faire baisser les bras. Pour cela, il faut sortir l'humanitaire des schémas simplistes, du tout blanc d'un côté, tout noir de l'autre, de cette idée que tout se déroule comme dans un *western* hollywoodien, avec les bons – nous, les humanitaires –, les pauvres Indiens et les méchants bandits. Dans la vie, rien n'est si simple, la réalité s'inscrit en nuances de gris. Les méchants ne sont pas toujours aussi méchants, les victimes ne sont pas toujours innocentes et peuvent même devenir les bourreaux du lendemain, et les sauveteurs ne sont pas toujours des bons ou des héros. Parfois, ils sont les instruments, inconsciemment ou non, des médias, des politiques, du *charity business* ou du tyran. L'humanitaire, même avec les meilleures intentions du monde, contient une bonne dose d'ambiguïté.

En 2013, le voyage me conduit à Erez Crossing. La frontière de la plus grande prison à ciel ouvert vous donne le sentiment d'être coupable dès que vous approchez du bâtiment. La suspicion, la méfiance et l'hostilité habitent le lieu. Ici, la route ne mène nulle part ; elle s'arrête devant la muraille grise et monotone faite de hauts panneaux de béton régulièrement crénelés de guérites de surveillance. Comme à Berlin pendant la guerre froide, deux mondes s'affrontent de part et d'autre, mais ce mur n'est pas près de tomber. Trop de morts cimentent le béton.

Gaza est de l'autre côté… et j'attends dans le hall inhospitalier qu'on me sonne pour avancer vers la première chicane de contrôle. La chaleur et le silence sont accablants. L'attente est pesante. Les souvenirs m'assaillent et, dans ma tête, je refais à l'envers mon parcours de médecin humanitaire.

Cela va faire dix années que je ne suis plus parti en mission. Mais l'humanitaire ressortit de ma pratique professionnelle, avec des conséquences parfois désagréables. C'est parfois difficile de rester calme quand, à 3 heures du matin, après une réanimation, vous vous trouvez face à un patient qui exige *illico* son scanner pour un mal de dos qu'il traîne depuis plusieurs semaines. Si les patients que je soigne aux urgences ou en réanimation n'ont pas choisi d'être malades, pour certains, on peut quand même se poser la question : des années de malbouffe sclérosent leurs artères, des volutes nicotiniques stimulent les cellules malignes de leurs bronches, de trop nombreux verres de vin ou de bière cirrhosent leur foie…

Une sonnerie stridente m'arrache à mes souvenirs. La lampe verte s'allume au-dessus du guichet. Les chicanes s'ouvrent une à une avec un claquement sinistre de porte de prison. Il y a des bruits qui font froid dans le dos.

Le garde scrute attentivement mes documents, consulte son ordinateur et débute l'interrogatoire. J'avais été mis au courant des questions et des réponses à donner avant d'arriver à la frontière. Le ton devient moins intrusif. À croire que les mots « médecin », « urgence », ont le pouvoir d'adoucir, même les plus durs. Le tampon qui s'abat avec un bruit sec sur mon laissez-passer me délivre de l'anxiété atavique du passage des frontières.

Une porte s'escamote dans le mur et découvre une cour grillagée inondée du soleil brûlant des heures les plus chaudes de ce mois d'août. Au fond, une nouvelle porte blindée s'ouvre lentement. Je passe de l'autre côté du mur. Il me reste à parcourir le chemin bétonné qui avance dans un tunnel grillagé. À droite et à gauche, on découvre une étendue rendue désertique par la main de l'homme. Tout est détruit, ce ne sont que ruines, amas de béton, murs éventrés et poutrelles métalliques menaçantes. Il n'y a que l'homme pour créer un tel paysage... Il peut aussi réaliser de merveilleux jardins ; ce n'est pas le cas ici. Gare au berger qui viendrait chercher la brebis égarée ou aux personnes qui voudraient récupérer la ferraille et les tôles comme matériel de construction. Les tirs du haut des guérites sont précis et sans sommation.

Israël serre la ceinture autour du territoire. Au sud, l'Égypte ferme le cercle avec un mur aussi haut que profond. Peine perdue, des centaines de tunnels sont creusés sous son soubassement. Le poumon économique de Gaza respire sous terre.

Au-dessus, les ruines poussent en grand nombre et plus vite que les arbres. L'opération

Plomb durci, de novembre, y a ajouté les siennes, entretenues par des bombardements sporadiques.

Dans ce bout de terre, rien n'est perdu, tout se transforme. Les habitants concassent au marteau les ruines en gravier (les pierres sont rares dans un pays de sable). Ils récupèrent le fer à béton et le bois pour les prochains coffrages. L'importation de ciment, classé matériel sensible, est interdite, alors il passe sous terre dans les tunnels. Les Gazaouis ont inventé l'économie circulaire.

La résilience des habitants leur permet de survivre à la pauvreté et à l'injustice, et de reconstruire en permanence sur les ruines. Chaque famille porte le deuil d'un parent, d'un proche écrasé sous les bombes ou tué par balle, mais de l'autre côté du mur, du côté israélien, ce sont les mêmes larmes versées sur les morts tués par les roquettes ou dans les attentats. Alors non, le mur, trop cimenté par tous ces morts, n'est pas près de s'écrouler. Surtout, comme dans les tribus anciennes, quand il existe le faiseur de pluie. À Gaza, ces faiseurs de pluie – on peut aussi les appeler « faiseurs de haine » – sont vêtus de noir, munis d'armes provocantes et contrôlent la rectitude idéologique et religieuse, les manifestations de masse, l'économie réelle et souterraine, et la distribution de l'aide humanitaire.

Gaza est une prison sous perfusion. L'humanitaire s'y épanouit sous la plus importante pluie de dollars de l'aide internationale. Les 4x4 Toyota couverts de logos sillonnent le territoire. À croire que cette marque a passé un accord avec non seulement les acteurs de l'humanitaire mais aussi les groupes de rebelles en Afrique, tellement elle prolifère dans les zones sinistrées.

Les agences internationales, nationales et les associations non gouvernementales sont regroupées dans l'ancien quartier des affaires. Vue sur mer garantie, sécurité assurée. Les locataires sont prévenus par courriel des raids aériens, et les bombes évitent de tomber à cet endroit.

C'est un État dirigé par une autorité supranationale, qui gère toute l'aide et décide du type d'actions. Le flux de dollars transite par les agences et associations avant d'atteindre la population. Dans le microcosme des expatriés, les experts en tout genre, les fonctionnaires internationaux et les humanitaires se croisent au bar du seul hôtel de standing encore en activité à Gaza. Comme chacun émarge au même guichet et que le champ d'intervention des associations est bien défini, cela évite toute concurrence entre elles. Avec chaque singe sur sa branche on finit par s'entendre. Médecins du monde s'est vu attribuer l'équipement des dispensaires, la coordination et la formation des agents de santé.

Sur le plan sanitaire, tous les indicateurs sont au rouge. Gaza fait flamber les critères de la misère : densité de population, chômage, pauvreté, précarité sanitaire, handicaps et séquelles de blessures par armes à feu ou éclats d'obus. Les pathologies infectieuses prolifèrent par manque de médicaments. La précarité et l'insalubrité de l'habitat, la dangerosité des routes, les grenades et obus non explosés ajoutent ces urgences à celles qui sont provoquées par les raids terrestres et aériens des Israéliens. La médecine d'urgence décline tout son répertoire : de l'urgence médicale à l'urgence traumatologique, en passant par la médecine de catastrophe et la médecine de guerre. Un terrain expérimental pour le médecin urgentiste venu de France, mais des souvenirs et un vécu douloureux pour les soignants des dispensaires qui demeurent souvent impuissants par manque de médicaments, de matériel ou de moyens d'évacuation vers l'hôpital. C'est avec eux que je partage le quotidien et que nous échangeons nos connaissances et nos expériences. C'est un enrichissement mutuel qui crée des liens et leur permet d'extérioriser leur vie de soignants en situation de guerre et de pénurie.

C'est avec un gros pincement au cœur que je remonte l'allée bétonnée qui traverse le *no man's land* : un sentiment partagé entre la joie de rentrer chez moi et celui de déserter, d'abandonner des amis sur le terrain.

Humanitaire : un engagement dans humain, humanisme, humanité, entre « il faut que j'y aille ! » et « mais qu'est-ce que je fais ici ? », entre un impératif et une interrogation. À la croisée des émotions, des sentiments et de la raison, l'engagement humanitaire doute et se questionne sur son sens et sa finalité. Compassion, empathie naissent du profond de nous-même, encodées par le religieux en charité et miséricorde, et par le profane en philanthropie et générosité.

Ces émotions associées au sentiment d'injustice et d'indignation deviennent conscience dans le devoir d'humanité, de justice et les droits de l'homme. Cette alliance subtile de la raison, de l'émotion et du sentiment nécessite un réajustement continu pour maintenir son équilibre. Toutes les difficultés d'une mission viennent ébranler cet équilibre. Pour absorber les ondes de choc, l'humanitaire comme le médecin doit s'accrocher à des principes simples et fondamentaux : l'éthique de la responsabilité et du respect absolu de la vie. Il se rendra vite compte en mission que tous les intervenants ne partagent pas ces fondamentaux et qu'il faut composer avec les divergences, qu'il intervient au bout de la chaîne lorsque les mécanismes de régulation politique ont failli et qu'il est dans l'incapacité d'agir sur les causes, qu'il est le sparadrap acheté par la bonne conscience de l'Occident montrant ainsi sa bienveillance et l'incapacité des victimes à se prendre en charge.

Alors s'accrocher, même si le mal est au cœur du bien, même si l'on ne deviendra jamais un Che Guevara. Le courage, c'est aussi de créer du lien par le don et le soin. Telle est la grande leçon d'humilité de l'humanitaire. Et créer le lien pour tisser le vivant, c'est donner sens à sa propre existence.

René Gagnaux et Albert Schweitzer ont tissé ce lien au-delà de leur mort. Le docteur Gagnaux opère encore dans son hôpital de Xinavane, Albert Schweitzer soigne toujours à Lambaréné, dans la conscience collective et le souvenir des vivants. À Gunsbach, à proximité de Colmar, l'esprit d'Albert Schweitzer, médecin, philosophe, un des grands symboles de l'humanitaire, se promène sur les chemins et dans les prairies. Il souffle dans le vent à travers le bruissement des feuillages le sens de son engagement comme pasteur de l'humanité : le respect de la vie.

« Je suis une vie qui veut vivre, entouré de vies qui veulent vivre. »

Colmar (Alsace)
Août 2020

« PETITE PHILOSOPHIE DU VOYAGE »

1. ANNE-LAURE BOCH – **L'EUPHORIE DES CIMES**
Petites considérations sur la montagne et le dépassement de soi
2. JEAN-PIERRE VALENTIN – **LE MURMURE DES DUNES**
Petit éloge du désert et de ceux qui y vivent
3. ÉMERIC FISSET – **L'IVRESSE DE LA MARCHE**
Petit manifeste en faveur du voyage à pied
4. STÉPHAN CARBONNAUX – **LE CANTIQUE DE L'OURS**
Petit plaidoyer pour le frère sauvage de l'homme
5. BERTRAND BUFFON – **LE GOÛT DE LA POLITESSE**
Petit précis des bonnes manières à l'usage du vaste monde
6. BAPTISTE ROUX – **LA POÉSIE DU RAIL**
Petite apologie du voyage en train
7. ANNE LE MAÎTRE – **LES BONHEURS DE L'AQUARELLE**
Petite invitation à la peinture vagabonde
8. ARNAUD COUSERGUE – **L'ESPRIT DU GESTE**
Petite sagesse des arts martiaux
9. PATRICE DE RAVEL – **LA CARESSE DE L'ONDE**
Petites réflexions sur le voyage en canoë et la liberté de naviguer
10. MARIE CHASTEL – **LE SECRET DES PIERRES**
Petite célébration du monde minéral
11. PHILIPPE NICOLAS – **L'ENCHANTEMENT DE LA RIVIÈRE**
Petit bréviaire de la pêche à la mouche

DANS LA MÊME COLLECTION

12. Sébastien Jallade – L'APPEL DE LA ROUTE
Petite mystique du voyageur en partance
13. Albéric d'Hardivilliers – L'ÉCRITURE DE L'AILLEURS
Petits propos sur la littérature nomade
14. Mélanie Delloye – LE RYTHME DE L'ÂNE
Petit hommage aux baudets, grisons et autres bourricots
15. Nicolas Weill-Parot – LA MAGIE DES GRIMOIRES
Petite flânerie dans le secret des bibliothèques
16. Françoise Sylvestre – LE PARFUM DES ÎLES
Petite rêverie sur les atolls et les archipels
17. Matthieu Raffard – LA SOIF D'IMAGES
Petites révélations sur la lumière et la photographie
18. Christophe Houdaille – LE CHANT DES VOILES
Petites pensées sur la navigation hauturière
19. Marc Alaux – LA VERTU DES STEPPES
Petite révérence à la vie nomade
20. Julien Leblay – LE TAO DU VÉLO
Petites méditations cyclopédiques
21. David Gille – L'ÂME DE LA CHANSON
Petite esthétique des refrains populaires
22. Marc Tardieu – LA SÉRÉNITÉ DE L'ÉVEIL
Petit parcours initiatique sur les chemins du bouddhisme
23. Baptiste Roux – LES ARCANES DU MÉTRO
Petite chronique de la vie souterraine
24. Laurence Bougault – LA LIBERTÉ DU CENTAURE
Petit traité sur le voyage à cheval
25. Bernard Delloye – LA JOIE DU VOYAGE EN FAMILLE
Petites digressions sur l'école buissonnière
26. Julie Boch – LES SORTILÈGES DE L'OPÉRA
Petit aparté sur l'art lyrique

DANS LA MÊME COLLECTION

27. Rémi Caritey – **LES VERTIGES DE LA FORÊT**
Petite déclaration d'amour aux mousses, aux fougères et aux arbres

28. Lodewijk Allaert – **L'INSTINCT DE LA GLISSE**
Petit hymne au surf, aux vagues et à la liberté

29. Frédérique Bardon – **LE CHARME DES MUSÉES**
Petite balade dans l'univers des arts et de la mémoire

30. Benoît Fontaine – **LA QUÊTE DU NATURALISTE**
Petites observations sur la beauté et la diversité du vivant

31. Stéphane Georis – **LE TRIOMPHE DU SALTIMBANQUE**
Petit essai sur les arts de la rue

32. Patrick Manoukian – **LE TEMPS DU VOYAGE**
Petite causerie sur la nonchalance et les vertus de l'étape

33. Pierrick Bourgault – **L'ÉCHO DES BISTROTS**
Petite confidence sur les cafés, pubs, tavernes et autres buvettes

34. Gabriel Conesa – **LA RELIGION DU JAZZ**
Petites improvisations sur la musique américaine ancienne

35. Christophe Apprill – **LES AUDACES DU TANGO**
Petites variations sur la danse et la sensualité

36. David Lefèvre – **LA VIE EN CABANE**
Petit discours sur la frugalité et le retour à l'essentiel

37. Alexis Loireau – **LA GRÂCE DE L'ESCALADE**
Petites prises de position sur la verticalité et l'élévation de l'homme

38. Frédéric Gilbert – **LA SIMPLICITÉ DU KAYAK**
Petites leçons d'équilibre et d'intimité avec l'élément marin

39. Noël Balen – **LES MYSTÈRES DU VIN**
Petite enquête sur le sang des vignes

40. Germain Chambost – **LA PROMESSE DE L'ENVOL**
Petites figures sur les machines volantes et la fascination du ciel

41. Brian Mathé – **LE PRODIGE DE L'AMITIÉ**
Petite équipée vers les sommets de la camaraderie

DANS LA MÊME COLLECTION

42. Sylvain Bazin – **LES DÉFIS DE LA COURSE**
Petite échappée aux limites de l'endurance et de la volonté

43. Cristina Noacco – **LA FORCE DU SILENCE**
Petites notes sur le bruissement du monde

44. Pierre Gemme – **LA MÉMOIRE DE LA TERRE**
Petit gisement d'idées sur les minéraux, fossiles et météorites

45. Marc Bellanger – **L'ATTRAIT DES GOUFFRES**
Petite incursion dans les abîmes et les méandres de la spéléologie

46. Mario Heimburger – **LE VOYAGE IMMOBILE**
Petite exploration du monde sans mettre les voiles ou le...

47. Philippe Lutz – **LA VIE À LA CAMPAGNE**
Petite défense des clochers, des vaches et des potagers

48. Xavier Mouginet – **LA TENTATION DU JARDIN**
Petit florilège sur l'art de cultiver les plaisirs verts

49. Anne-Lise Blanchet – **L'EXTASE DU PLONGEUR**
Petite immersion dans le grand bleu et les mondes engloutis

50. Patrick Marcel – **LA FIÈVRE DES VOLCANS**
Petits épanchements sur le feu des origines et les mystères telluriques

51. Romain Tuilier – **LE TOUR DU MONDE**
Petit passeport pour le voyage au long cours

52. Siméon Baldit de Barral – **LES FACÉTIES DU STOP**
Petit embarquement pour l'aventure et les rencontres sur le pouce

53. Jean-Marie Haegy – **L'ENGAGEMENT HUMANITAIRE**
Petit diagnostic sur l'altruisme en situation d'urgence

54. Cédric Sapin-Defour – **L'ART DE LA TRACE**
Petits détours sur le ski de randonnée et les neiges d'altitude

Couverture : hadynyah / iStock
Collection : « Petite philosophie du voyage »
Conception graphique : Matthieu Raffard
Réalisation : Transboréal
ISSN : 1956-0664
ISBN : 978-2-36157-285-3
Dépôt légal : novembre 2020

TRANSBORÉAL
EST UNE MAISON D'ÉDITION
QUI VEUT PROMOUVOIR LE TRAVAIL D'AUTEURS,
D'ILLUSTRATEURS ET DE PHOTOGRAPHES
AYANT FAIT PREUVE D'ABNÉGATION ET DE COURAGE
LORS D'ÉTUDES OU DE VOYAGES AU LONG COURS
MARQUÉS PAR UNE RÉELLE CONNIVENCE
AVEC LE MILIEU HUMAIN OU
LE MONDE NATUREL

23, rue Berthollet – Paris (v^e)
tél. : 01 55 43 00 37
contact@transboreal.fr
www.transboreal.fr

ACHEVÉ D'IMPRIMER EN OCTOBRE 2020 SUR LES PRESSES
DE LA NOUVELLE IMPRIMERIE LABALLERY
À CLAMECY (58)
NUMÉRO D'IMPRESSION : 010192